Le voyage de mes pensées

Le voyage de mes pensées

A travers *le voyage de mes pensées,* vous allez explorer mon inconscient et ma conscience au fil de mon *quotidien.* La *traversée* ne sera pas de tout repos, elle sera même parfois vertigineuse. La censure ne fera pas partie de ce *périple.* Il est question ici de *libérer la parole* sur certaines *étapes* d'une vie, sur certaines étapes et surtout certaines *blessures.* Panser les *plaies* pour tourner la page.

Prenez dans ce *voyage initiatique et poétique* ce que vous avez à prendre. Ni plus ni moins.
Vous êtes libres de lire ce livre comme vous le sentez, suivez votre cœur, votre *âme* qui jaillit.

Prenez soin de votre *maison intérieure.*

Le voyage de mes pensées

Encore un énième départ,
Un de ceux que je n'aime pas,
Un de ceux qui me brisent le cœur,
qui m'enferment dans ma solitude.

Comme une impression d'adieux,
de perdre cet être cher,
et de me
perdre.

Attachement,
Dépendance affective,
vous me tenez.

Une tristesse et une solitude sans nom
m'envahissent.

Des au revoir

Le voyage de mes pensées

Ça m'a pris d'un coup,
comme une avalanche,
qui m'est tombée
dessus.

Hors de contrôle,
je l'étais.

Je subissais,
je n'étais plus moi-même.

Borderline

Le voyage de mes pensées

Reprendre son souffle,
Ecrire l'innommable,
Prendre sa plume,
La tremper dans l'encrier,
et faire jaillir ces
mots.

Les rendre visibles
et légitimes.

Faire exister la souffrance,
la rendre moins intense,
l'extérioriser.

Légitime défense.

Écriture libératrice

Le voyage de mes pensées

De la louange,
dans mes oreilles,

de la louange,
dans mon cœur,

Je me tourne vers toi,
Seigneur.

Des ondes puissantes me traversent,
me mettent dans un état de transe,

la foi me bouleverse,
comme une jolie averse.

Que ma bouche chante ta louange

Le voyage de mes pensées

Le monstre de l'angoisse,
est venu me rendre visite,
de nouveau.

Il m'a dépossédée
de mon corps.

Il a pris avec lui
ma respiration,
ma raison.

Ma maison intérieure,
a été détruite.

Le vent soufflait,
si fort
qu'il a failli m'emporter.

Enième crise d'angoisse

Le voyage de mes pensées

Merci de t'être écoutée,
d'avoir su reconnaître
tes limites,

ta fatigue,
ton besoin
de te faire aider.

Merci à toi petite Lulu,
mon enfant intérieur,
d'avoir accepté
cette parenthèse
pour prendre soin de toi.

Une parenthèse qui ne peut que t'amener
vers le mieux,

pour fleurir
de plus belle.

Merci de continuer à te battre,
à garder la foi,
à persévérer.

Tu peux être fière de toi.

Merci

Lettre de remerciement à moi-même

Le voyage de mes pensées

Un rayon de soleil,
des oiseaux
qui chantent.

La nature,
tout est si pur,
dans ce jardin,
sans artifices.

Un feu d'artifice
de gratitude
explose en moi.

Toutes ces couleurs
donnent un peu
de douceur,
à tous ces malheurs.

L'éveil de la faune et la flore

Le voyage de mes pensées

Perdre le contrôle,
Être sous emprise.

Être pris dans les entrailles
de la toxicité.

Ses amis sont :
l'alcool,
la drogue,
le tabac,
la surconsommation,
le sexe,
les jeux d'argent.

Bien d'autres encore
cachent nos souffrances.

Addictions

Le voyage de mes pensées

Quelqu'un peut
me sauver.

J'en ai la certitude,
cette rencontre :
celle-là.

Alors je m'attache,
un peu,
beaucoup,
passionnément,
à la folie.

Et quand elle part,
tout mon monde
s'écroule.

Parce que mon monde,
c'était elle.

Dépendance affective

Le voyage de mes pensées

8 ans après,
le temps ne m'a pas guéri.

Au contraire,
il me détruit à petit feu.

Le manque est
immuable,
innommable,
abyssal.

Tu n'es plus là et
depuis je survis.

Tu n'es plus là et
une partie de moi est partie
avec toi.

Deuil pathologique

Le voyage de mes pensées

Manger,
et remanger,
et surtout
se goinfrer.

Pour combler
le vide,

pour faire taire
nos émotions,
les fuir.

Manger non pas parce que qu'on a faim,
mais parce qu'on n'est pas bien.

Crise d'hyperphagie

Le voyage de mes pensées

La nuit est sans répit,
elle m'épie.

Je prie pour qu'elle me laisse tranquille,
mais on ne m'écoute pas.

Je suis prise dans ses griffes,
la nuit s'affirme et se révolte,
elle est plus forte que moi.

La fatigue et les cauchemars
sont dans la même équipe qu'elle,

moi je suis seule,
face à eux.

Insomnie

Le voyage de mes pensées

J'ai peur,
Je doute,
Je ne peux pas y arriver,
Je n'en suis pas
capable.

Je ne crois pas en moi.

Pour moi,
je suis faible,
je suis un fardeau
pour le monde.

Le regard des autres me fait
vaciller,
comme une feuille d'arbre qui tombe
avec le vent.

Je n'ai pas confiance en moi

Le voyage de mes pensées

Pourquoi moi ?
Comment vais-je faire ?
Est-ce que je vais y arriver ?

Et si... ?

Tout est agité dans ma tête,
comme un lion qui rugit,
en moi.

Tout va si vite,
il faut ralentir.

Ce n'est plus possible,
j'en perds le fil.

Ruminations

Le voyage de mes pensées

Aujourd'hui, il fait beau,
il y a du soleil
dans mon cœur.

Tout est douceur,
L'espoir prend toute sa splendeur.

Tout est calme,
apaisement,
ce changement est inspirant.

Le parfum de la vie sent bon,
il embaume les cœurs,
de mes frères et sœurs.

Une journée avec

Le voyage de mes pensées

Je suis démunie
cette nuit.

Je tourne en rond,
dans mon lit.

Le monde est silencieux
mais mes pensées sont bruyantes.

Je me tourne vers les cieux,
pour me confier à mon Père.

Il est un repère.
Prière nocturne

Le voyage de mes pensées

Les idées surgissent,
et régissent mon esprit.

Elles gisent sur mon cerveau,
et n'attendent plus
qu'à être exprimées
sur le tableau.

Elles volent
sur la toile.

Je mets les voiles,
direction
la création.

Inspiration

Le voyage de mes pensées

La chaleur dans
mon cœur,

Le bonheur,
dur labeur.

Je le cherche,
au fond de moi.

Tout mon cœur est
en émoi,
actuellement en quête de
cette fleur.

La joie, ma conquête

Le voyage de mes pensées

Les oiseaux chantent,
Ils sont réveillés et
me disent bonjour.

C'est le petit matin,
l'air est frais,
le monde s'éveille.

Tout est calme.
Les larmes me viennent,
contemplant
la beauté de la Terre.

A l'aube

Le voyage de mes pensées

La nuit a été
douce avec moi.

Elle m'a offert
du repos.

Elle a été une
bonne amie,

elle ne m'a
pas trahie.

Sommeil réparateur

Le voyage de mes pensées

Avec ces mots,
cette intrigue,
cette histoire,
ces personnages,
je m'évade.

Loin des problèmes,
j'aime.

Cette couverture,
ces émotions,
tout me fait
valser,
toutes mes cellules
dansent dans mon corps.

Le plaisir de la lecture

Le voyage de mes pensées

Grâce
aux pinceaux,
aux images et mots collés,
aux couleurs,
aux formes,

j'exprime ce qu'il y a
dans mon cœur.

J'exprime ce qu'il y a
dans mon esprit.

Je prends le temps de comprendre ce qui
est caché
au fond de mon âme.

Art-thérapie

Le voyage de mes pensées

Toute doucement,
progressivement,
je marche,
je cours,
je m'étire.

Tout doucement,
progressivement,
je remets en mouvement,
mon corps,
mes muscles,
mes articulations.

Tout doucement,
progressivement,
je coordonne ma respiration
avec ces exercices.

Remise en forme

Le voyage de mes pensées

Trouver son équilibre,
gainer,
s'étirer,
se concentrer sur sa respiration,
et surtout,
se recentrer.

Se recentrer,
se retrouver,
se relâcher,
par
les postures.

Lâcher-prise,
faire du bien
à son corps.

Yoga

Le voyage de mes pensées

L'horloge tourne,
la Terre tourne,
mes pensées tournent.

Tout va vite,
J'ai besoin
d'une pause.

Tout est trop,
trop bruyant,
trop stressant,
trop fatiguant,
trop.

La vie à mille à l'heure

Le voyage de mes pensées

De nouvelles cultures,
de nouveaux plats,
de nouveaux sites,
des merveilles du monde,

l'étranger.

Je voyage dans ma tête,
mais quand je voyage
dans le monde,
c'est encore plus la fête.

Partir découvrir le monde

Le voyage de mes pensées

Qu'est-ce que je vais faire de ma vie ?
Comment trouver ma voie ?
Ma voie professionnelle,
celle dont tout le monde te parle
dès le collège.

Je me cherche,
et me recherche,
depuis des années.

Je cherche ma voie.

Réorientation professionnelle

Le voyage de mes pensées

Je souffle sur un pissenlit,
c'est tout doux de souffler lentement,
comme sur un gâteau d'anniversaire d'un
petit enfant.

Je relâche mon corps,
je souffle l'apaisement,
je relâche les tensions.

Je me concentre sur ce que je peux
contrôler,
le reste, je le laisse aller,
tout doucement.

Lâcher-prise

Le voyage de mes pensées

Ils ont vécu,
des choses qui nous impressionnent,
que nous admirons,
qu'ils doivent nous raconter.

Ils sont chers à nos cœurs,
profitons infiniment de tous ces moments
avec eux.

Ils sont forts et courageux,
Ils sont sources de partage et d'exemple.

Grands-parents

Le voyage de mes pensées

C'est si doux,
comme paysage,
c'est comme un nuage,
dans ma tête.

Tout doux,
si apaisant,
reposant,
ressourçant.

Une image mentale,
qui me calme.

Coucher de soleil

Le voyage de mes pensées

C'est vide dans
mon imaginaire,
ma plume n'a plus d'encre,
elle me manque.

La page est vide,
elle manque
de mots,
d'émotions,
d'histoires.

L'histoire n'a plus
de sens,
ni d'essence.

Page blanche

Le voyage de mes pensées

J'ai peur,
de leur jugement,
de leurs pensées,
j'ai peur d'eux.

Rester avec eux,
m'angoisse,
m'oppresse,
je dois m'entraîner.

Une peur bleue
m'envahit,
et si je les blessais,
et si je les offensais,
et s'ils m'abandonnaient…

Regard des autres

Le voyage de mes pensées

C'est toujours
trop.

Des émotions,
il y en a trop,
des sensations,
il y en a trop,
des ressentis,
il y a en a trop,
des stimulations,
il y en a trop.

C'est toujours dans
les extrêmes,
la balance ne tient
jamais en équilibre,
les poids sont
trop lourds.

Hypersensibilité

Le voyage de mes pensées

Il est l'heure,
de réparer mon cœur,
il est temps,
d'accepter le passé.

Il est l'heure
de m'aimer,
il est temps de
prendre soin de mon cœur.

Il est l'heure
d'aller de l'avant,
il est temps
d'avancer.

Me pardonner

Le voyage de mes pensées

Dans le sommeil,
je fuis.

Dans le sommeil,
je m'endors,
et j'endors
mes pensées avec.

Je m'égare dans
une autre réalité,
une réalité
rêvée.

Fuir la réalité

Le voyage de mes pensées

Je suis là,
sans être là,

je suis là,
dans les nuages.

Je suis dans un autre univers,
sur une autre planète,

je ne vous entends pas,
je ne vous vois pas.

Dans mes pensées

Le voyage de mes pensées

La mélodie m'emporte,
me porte,
me transporte.

Elle importe mon âme
dans un autre univers,
grâce à des notes
qui la font virevolter.

Le rythme toque à ma porte,
je frappe dans mes mains,
en même temps que lui.

La puissance de la musique

Le voyage de mes pensées

Sa force
m'encourage,
m'aide,
me donne de l'espoir.

Je crois en Dieu,
le Tout-Puissant,
mon Créateur,
du Ciel et de la Terre.

Je le loue,
je le prie,
je l'adore.

La foi

Le voyage de mes pensées

J'en ai marre,
c'est toujours
la même chose.

J'en ai marre,

ça ne bouge pas,
ça reste intact,
je n'en peux plus.

Lassitude

Le voyage de mes pensées

Mes yeux se ferment,
ma tête tombe,
mon corps est faible.

Je n'ai pas assez dormi,
mon sommeil n'est pas réparateur,
et j'en paie les conséquences.

Il ne fait pas encore nuit,
le jour est encore là,
mais la Lune guette le moment
où mon corps va se laisser aller.

Fatigue

Le voyage de mes pensées

Elle est
mon rocher,
mon appui,
mon soutien,
l'épaule sur laquelle me poser,
l'oreille attentive.

Elle est celle qui m'a donné la vie,
elle est mon tout,
mon essentiel.

Sans elle, mon monde serait différent.

Maman

Le voyage de mes pensées

Ils sont là,
dans ma tête,
au fond de moi,
plus ou moins enfouis.

Je m'en rappelle,
grâce à mes sens :
surtout la vue,
mais parfois
l'odorat,
l'ouïe
et le toucher.

Ils sont les traces de ma vie,
de mes amis,
de ma famille,
de mes expériences.

Les souvenirs

Le voyage de mes pensées

Il dessine
des sourires,
éclaire la nature,
réchauffe nos cœurs et
nos corps.

Il nous procure
de l'énergie,
il nous fait vibrer.

On est toujours contents
quand il est présent.

Le temps ensoleillé

Le voyage de mes pensées

Sans désespoir,
il n'y a pas d'espoir,
sans vulnérabilité,
il n'y a pas de courage,
sans tristesse,
il n'y a pas de joie.

Sans nuit,
il n'y a pas de jour,
sans Ying,
il n'y a pas de Yang.

Les antipodes de la vie

Le voyage de mes pensées

Je te lis,
je t'étudie,
je te médite.

Je te peins en
couleurs,
tu me donnes du baume
au cœur.

Tu me suis nuit et jour,
tu m'accompagnes sur mon chemin
du Salut et de la vie Éternelle.

La Bible

Le voyage de mes pensées

Je suis prête,
à affronter cette journée,
à en avoir plein les yeux,
à découvrir de nouvelles choses,
à faire de nouvelles expériences.

Je suis prête.

Je me suis levée du bon pied

Le voyage de mes pensées

Le Seigneur va m'apporter
de la force,
va m'encourager dans cette épreuve.

Le Seigneur vient relever le faible,
le Seigneur vient sauver les malades.

Je vais recevoir sa bénédiction,
le louer,
le prier.

Sacrement des malades

Le voyage de mes pensées

Je me suis noyée,
dans les profondeurs,
le Seigneur m'a relevée.

Je me suis perdue,
dans l'obscurité,
et la lumière fût.

Je me suis dirigée vers la mort,
le Seigneur m'a rappelée à la vie.

La vie à ses côtés,
sur ses pas,
sur son dos,
dans ses paroles.

Le Seigneur est avec moi, il veille sur moi

Le voyage de mes pensées

J'apprécie ces petits riens,
qui font tout.

J'apprécie
le beau temps,
la mousse au marron,
un bon livre,
la musique,
un moment entre amis ou en famille.

Merci la vie pour tout ce que tu nous
donnes.

Gratitude

Le voyage de mes pensées

Elle est
en moi.
Elle crie
en moi.
Elle bouillonne,
même.

Elle est si forte,
qu'elle peut faire peur.

Je suis irascible,
irritable,
l'emportement est à son apogée.

Je suis en colère

Le voyage de mes pensées

J'absorbe tout,
tout ce qui est trop fort
pour mon petit cœur.

Tout ce qui provient
de l'extérieur,
en plus de
ce qui est déjà en moi.

Les émotions sont
si fortes,
si hautes,
le vase va finir
par se renverser.

Je suis une éponge émotionnelle

Le voyage de mes pensées

Je ne sais pas,
il y a quelque chose en moi,
qui me dérange,
qui me gêne,
qui me rend mal.

C'est de l'angoisse je crois,
ou peut-être de la tristesse,
ou un peu de colère,
de manque de confiance en soi.

Je ne sais pas,
J'essaie de savoir, d'y réfléchir,
Je me demande les causes de cet état,
mais elles sont inconnues à ce jour.

N'être pas bien et ne pas savoir pourquoi

Le voyage de mes pensées

Je suis
à part,
dans mon coin,
dans ma tanière,
dans mon terrier,
en hibernation.

Je suis là sans être là,
je ne m'expose pas,
je garde tout en moi,
comme un trésor empoisonné.

Se renfermer sur soi

Le voyage de mes pensées

C'est le printemps,
les fleurs renaissent.

C'est le printemps,
c'est l'heure de fleurir,
de renaître de ses cendres,
tel un phœnix.

Nouveau départ

Le voyage de mes pensées

C'est long,
mais il le faut.

C'est long,
mais c'est pour mon bien.

Un peu de patience,
pour retrouver l'essence de la stabilité
et de la sérénité.

Prendre le temps de guérir

Le voyage de mes pensées

Il y a trop de monde,
ça m'étouffe,
ça m'oppresse,
c'est intenable.

La foule me fait peur,
elle me terrifie,
me paralyse.

Agoraphobie

Le voyage de mes pensées

Je vais bien
mais j'ai peur.

Je suis sur la bonne voie
mais j'ai peur.

Je ne suis pas habituée,
c'est l'inconnu.

Ne pas avoir le contrôle
me terrifie.

Peur de la rechute

Le voyage de mes pensées

Je suis divisée
en deux,
Une partie de moi est là,
et l'autre est ailleurs.

Une part de moi est confiante,
et l'autre a peur,
une part de moi est triste,
et l'autre en colère.

Mon esprit est court-circuité,
en panne,
les deux fils ne se rejoignent plus.

Être entre deux

Le voyage de mes pensées

J'ai l'impression de rater quelque chose,
manquer quelque chose,
un évènement,
une sortie,
une fête.

Je vais louper tout ça
et ça ne recommencera plus,
ça ne se passera plus,
c'est terminé,
je ne pourrai plus jamais le vivre.

Fear Of Missing Out

Le voyage de mes pensées

Seule face à ce monde,
ce monde sans moi,
qui ne m'attend pas
pour vivre.

Seule face à ce monde,
qui m'a laissée ivre,
de tristesse.

Seule face au monde,
bien trop grand,
pour moi.

Seule face au monde,
qui a préféré,
partir,
pour ne pas mourir,
et me laisser souffrir.

Seule face à tout ce monde,
je suis immonde,
inondée par l'averse.

Abandonnée

Le voyage de mes pensées

Comme un papillon,
je suis d'abord une chenille,
j'avance lentement mais sûrement.

Comme un papillon,
je suis dans mon cocon,
je me recentre,
pour mieux
éclore.

Comme un papillon,
je m'ouvre au monde extérieur,
je suis prête,
à voler de mes propres ailes.

J'évolue

Le voyage de mes pensées

J'ai des bleus au cœur,
parfois ils me font mal,
parfois ça passe.

J'ai des bleus au cœur,
mais ça va mieux.

J'ai souffert

Le voyage de mes pensées

Ils sont mes bijoux,
si précieux,
je veux les garder toute ma vie
avec moi.

Ils sont mes bijoux,
j'en prends soin.

Mes proches

Le voyage de mes pensées

Je suis comme
un lion en cage,
je me sens enfermée.

Je suis comme
un lion en cage,
j'ai envie de sortir d'ici.

Oppressée

Le voyage de mes pensées

Chère confiance,
tu es si petite,
comme un grain de sable dans l'océan.

Tu coules sans cesse,
sortir la tête de l'eau,
une épreuve.

Mais tu peux inverser les rôles,
et devenir une vague
puissante,
forte,
confiante.

Oui tu le peux,
je te l'autorise,
je n'attends que ça de toi.

Grandis-toi,
Elève-toi,
Surpasse-toi,

Pour me porter.

Lettre à ma confiance en moi

Le voyage de mes pensées

Il faut que je fasse quelque chose,
c'est indispensable,
impensable autrement.

Il faut que je m'occupe,
l'esprit
pour que mes questions sans réponses
s'échappent un instant.

Combler le vide

Le voyage de mes pensées

Je suis dans une boucle
infernale,
interminable,

je ne vois pas la fin.

Tout se reproduit sans cesse,
des maladresses de la vie,
peu agréables.

Cercle vicieux

Le voyage de mes pensées

Je veux l'apprivoiser,
mais il me fait peur.

Il est mystérieux,
il cache bien son jeu.

Je veux être son allié,
je lui ai trop souvent dit
de s'en aller.

Le silence

Le voyage de mes pensées

Je suis vidée,
de toute énergie.

La vie m'éreinte,
elle me teinte de noir,
m'enlève l'espoir.

Dépression

Le voyage de mes pensées

Ce sourire,
je l'apprécie,
je l'aime,
il m'est cher.

Ce sourire,
c'est le fruit
d'énormes investissements,
de sacrifices.

Celui-ci il n'est plus factice,
mais bien réel.

J'ai retrouvé le bonheur

Le voyage de mes pensées

C'était un soir,
sans joie,
sans espoir.

Il faisait nuit,
dans mon âme,
dans mon cœur.

C'était la pluie,
le déluge
dans mon corps.

La tristesse s'y est réfugiée,
la nuit est tombée.

Il faisait noir,
dans mon cœur.

Un soir de désespoir

Le voyage de mes pensées

Ils sont là,
mes amis.

Ceux qui
me soutiennent,
me rappellent
à la vie.

Une famille de cœur

Le voyage de mes pensées

Elles sont irrationnelles,
indomptables,

elles me fatiguent,
m'oppressent.

Elles sont bien là.

Mes peurs

Le voyage de mes pensées

Le soir,
c'est noir.

La nuit,
il fait obscur.

Le soir,
je broie du noir.

La nuit,
je fais une cure d'énergie.

Il est tard

Le voyage de mes pensées

Mon cœur bouillonne,
je veux être
à la place,
de cette fille.

Je ne veux pas
qu'elle me remplace,
je ne rayonne plus.

Jalousie

Le voyage de mes pensées

Je n'ai plus d'énergie.
Il faut que je sois
Seule.
Ils me l'ont prise involontairement.

J'ai du mal à aller vers les gens,
c'est handicapant.

Introvertie

Le voyage de mes pensées

Leurs rires,
leurs questions,
leur tendresse,
leurs émotions.

Ils ne se prennent pas la tête,
vivent au jour le jour.

L'insouciance des enfants

Le voyage de mes pensées

Le temps radieux,
le soleil qui tape,
le bruit des vagues,
le sable sous mes pieds,

C'est agréable,
c'est doux,
c'est reposant.

Un air de vacances

Le voyage de mes pensées

Elle ne me quitte pas,
ne me lâche pas,
elle est accrochée
à moi
depuis des années.

Pourtant, moi,
je ne l'aime pas.

Elle me fait la misère,
du matin au soir,
je suis son
bouc émissaire.

Anxiété chronique

Le voyage de mes pensées

Ce n'est pas comme
je voulais,
alors
ça monte en moi
comme une cocotte-minute.

Ca va finir par
exploser,
si je ne calme pas
cette émotion.

Frustration

Le voyage de mes pensées

Marre de ces troubles,
trouble de la personnalité,
troubles dépressifs,

marre d'être écorchée vive.

Comme un oiseau
qui a perdu ses ailes,
il ne sait plus voler.

Je suis perdue
comme cet oiseau

Ras-le-bol de mes failles

Le voyage de mes pensées

Lucie c'est censé être
la lumière,
pourtant,
je ne la vois plus,
cette lumière.

Je suis dans un
tunnel sans fin,

j'erre,
je n'ai plus d'air.

Il est où le bonheur ?

Le voyage de mes pensées

Il pleut dehors,
comme dans
mes yeux.

Il pleut dehors,
comme dans
mon corps.

Il pleut dehors
et ça ne s'arrête pas.

Tristesse

Le voyage de mes pensées

Je suis là,
j'entends les oiseaux,
je ferme les yeux.

Je suis là,
je ne me pose pas de questions,
je profite

Je suis là,
je capture cet instant.

Vivre le moment présent

L'anxiété,
m'empêche de sortir de mon lit,
de sortir dans la rue,
de faire des tâches du quotidien,
de profiter du moment présent,
de me détendre,
de respirer,
de dormir,

mais ça personne ne le sait.

L'anxiété, un handicap invisible

Le voyage de mes pensées

Il est arrivé,
je l'ai regardé
et le monde
s'est arrêté.

Il n'y avait que nous,
c'était entre lui et moi.

Ça m'est tombé dessus
comme ça,
d'un coup.

Coup de foudre

Le voyage de mes pensées

C'est plus simple,
quand on ne réfléchit pas.

Alors je prends une décision,
sur un coup de tête,
sans mesurer
les conséquences.

Mon cœur parle, la raison se tait

Le voyage de mes pensées

Mes pensées voyagent,
un peu trop,
vers l'obscurité.

Mes pensées voyagent,
un peu trop,
vers mes démons.

Mes pensées
ne tiennent pas en place.

Mes pensées sont en détresse

Le voyage de mes pensées

Pardonne - moi,
si je t'ai fait du mal,
si je t'ai inquiété,
si je ne suis pas comme tu l'avais rêvé.

Pardonne- moi,
je suis moi.

Je te demande pardon

Le voyage de mes pensées

Tu es si belle
quand tu souris.

Tu es si belle,
quand tu te trouves belle.

J'aimerais seulement
que tu le vois.

Tu es bien plus que ce que tu ne le penses

Le voyage de mes pensées

Un jour meilleur arrivera,
ne t'en fais pas.

On y arrivera ensemble,
je ne te laisserai pas tomber.

A deux, c'est mieux

Le voyage de mes pensées

Imagine
un beau coucher de soleil devant toi,
un verre de vin à la main,
du piano dans les oreilles,

La classe.

Un jour cela arrivera,
je te le promets.

La belle vie.

C'est beau de rêver

Le voyage de mes pensées

C'est dur,
d'essayer d'aller mieux,
de diminuer les traitements,
d'y croire,
d'être sereine.

Un combat de tous les jours

Le voyage de mes pensées

J'attends
depuis des années,

d'aller mieux,
de reprendre
un semblant de vie normale,
d'être plus douce
avec moi-même.

Le temps fera les choses

Le voyage de mes pensées

Même dans la tempête,
même sous la pluie,
même devant un arc-en-ciel,
même sous le soleil,

tu es toujours là.

Célia

Le voyage de mes pensées

L'air devient moins lourd,
le soleil pointe le bout de son nez.

Je respire enfin,
je vois demain,
j'aperçois le lendemain.

Je me sens bien.

L'espoir revient

Le voyage de mes pensées

Je crois que je vais mieux,
même,
que je vais bien.

Cela parait irréel,
je l'attendais depuis si longtemps,
ce moment.

Il est arrivé à un moment
où je m'y attendais le moins.

C'est possible

Remerciements

A mes amis et à ma famille, merci de me soutenir et de m'encourager dans mes projets d'écriture.

A ceux que j'ai rencontrés en clinique et qui m'ont demandé de faire des lectures à voix haute et m'ont incitée à continuer sur cette voie.

A ma communauté Instagram (@plumedespoir_) et TikTok (@lucieminola) qui me conseillent et partagent mes écrits.

    Merci à tous de faire vivre ma passion et mon exutoire

© 2024 Lucie MINOLA
Édition : BoD – Books on Demand,
info@bod.fr
Impression : BoD – Books on Demand, In de Tarpen 42, Norderstedt (Allemagne)
Impression à la demande
ISBN : 978-2-3225-3949-9
Dépôt légal : Juin 2024